ZUM
SCH
EIßEN
EICH
RTS

Dieses Buch gehört

____

____

ISBN: 978-3-986601331

Raiffeisenstr. 4 · D-83377 Vachendorf
www.kampenwand-verlag.de

1. Auflage 2023

Versand & Vertrieb durch Nova MD GmbH
www.novamd.de · bestellung@novamd.de · +49 (0) 861 166 17 27

Autoren: Franz Zwerschina & Rafael Bettschart

Printed in Czech Republic

FINIDR, s.r.o. · Lípová 1965 · 737 01 Český Těšín

KAMPENWAND
VERLAG

ZUM
SCH
EIßEN
EICH
RTS

Franz Zwerschina & Rafael Bettschart

ZUM SCHEIẞEN REICHTS*

Das etwas andere Kochbuch

Jetzt erst recht

*Kann Spuren von Erdnüssen enthalten

WIDMUNG

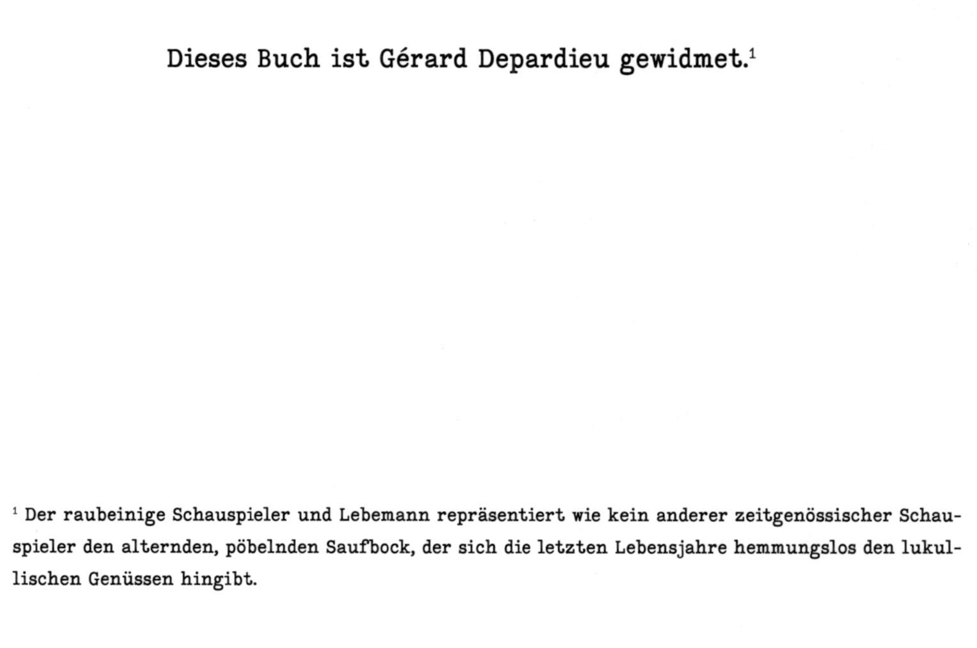

Dieses Buch ist Gérard Depardieu gewidmet.[1]

[1] Der raubeinige Schauspieler und Lebemann repräsentiert wie kein anderer zeitgenössischer Schauspieler den alternden, pöbelnden Saufbock, der sich die letzten Lebensjahre hemmungslos den lukullischen Genüssen hingibt.

NHALT

VOR

WORT

VORWORT

Aufgrund der überwiegend positiven Resonanz[2] auf unseren Erstling „Zum Scheißen reichts – das etwas andere Kochbuch“, haben wir uns erneut zusammengetan, um Sie zu einem weiteren Streifzug in die Welt der lukullischen Genüsse mitzunehmen.

Zweite Teile gelten im Kino seit jeher als ambivalent – kaum eine Fortsetzung, die auch nur annähernd an das Original heranreicht. Ausnahmen sind etwa die großartigen Sequels „Krieg der Sterne: Das Imperium schlägt zurück“, „Terminator: Judgement Day“ oder der epochale „Kindsköpfe 2“. Was im Klartext heißt: Bei uns kriegen Sie mehr Rezepte, mehr Witze, mehr launige Anekdoten.

Hand aufs Herz: Die Menge an Kochbüchern auf dem Markt sprengt alle Grenzen und wird höchstens noch von den unterschiedlichen Frisuren übertroffen, die Nicolas Cage im Laufe seiner Karriere schon feilgeboten hat. Kochbücher gleichen einander wie eineiige Zwillinge und unterscheiden sich allein durch ihre Buchtitel und den Stock-Fotos auf dem Cover.

Heutzutage wird man regelrecht zugemüllt mit Food-Blogs, Zeitschriften, Büchern, Youtube-Kanälen und Kochshows von selbsternannten Foodie-Influencern, die ihre Daseinsberechtigung allein dem Nahrungsmittelverzehr verdanken.

[2] Wenn Sie zu den Beißhoden gehören, die unserem Erstlingswerk eine negative Rezension auf Amazon gegeben haben, hier nochmal zur Erinnerung: Bei dem großen Online-Versandhändler gilt nicht das Schulnotensystem! 1 Stern bedeutet dort „ungenügend“!

Dabei ist die Wahrheit hinter diesem Metier banal und simpel: Kochbücher beschränken sich auf die immer selben Anleitungshinweise und können in 90% auf einen Satz herunter gebrochen werden: Mischen Sie alle Zutaten zusammen und ab damit in die Pfanne bzw. ins Backrohr. Da mit einer solchen Anleitung aber kein Kochbuch zu füllen ist, werden die immer gleichen Zubereitungsprozedere in gebetsmühlenartiger Gleichförmigkeit durchexerziert.

Wir machen es in diesem Buch ähnlich. Nur lustiger. Und ohne Glutamate! Sollten die Speisen nicht zu ihren persönlichen Favoriten zählen, werden Sie eines einmal mehr mit Bestimmtheit feststellen:
Zum Scheissen reichts immer noch – jetzt erst recht.

VOR

SPEI
SEN

SPAGHETTI ALLA PUTTANESCA

DAUER: „Anette halbe Stunde“ (25 min.)

SKILLS: kann jeder (auch Sie)

SPAGHETTI ALLA PUTTANESCA

Es gibt drei Dinge, die jeder Mensch in seinem Leben zumindest einmal gemacht haben sollte:

- sich nüchtern durch das filmische Oeuvre von Nicolas Cage zu arbeiten
- seinen eigenen Namen auf ein Reiskorn zu schreiben
- und Spaghetti selbst zuzubereiten

Spaghetti gelten als relativ einfaches Rezept und können in unterschiedlichsten Variationen zubereitet werden. Bei unseren Spaghetti alla Puttanesca handelt es sich um eine besonders geschmacksintensive Variante. Aus dem italienischen übersetzt bedeutet der singende Titel: Spaghetti nach Hurenart. Italienische Bordsteinschwalben aßen sie – so die Legende – mit reichlich Knoblauch, um – so die Legende weiter – den Geschmack der Freier aus ihrem Mund zu bekommen und durch die intensiveren Aromen des Knoblauchs zu ersetzen.[3]

[3] Vielleicht sollten Sie diese Informationen beim gemeinsamen Kochen mit Ihrem Lebenspartner aussparen.

- ☐ 4 EL OLIVENÖL
- ☐ 1 ZWIEBEL, FEIN GEHACKT
- ☐ 2 KNOBLAUCHZEHEN, IN DÜNNE SCHEIBEN GESCHNITTEN
- ☐ 1 CHILLISCHOTE, ENTKERNT UND IN DÜNNE STREIFEN GESCHNITTEN
- ☐ 6 SARDELLENFILETS, FEIN GEHACKT
- ☐ 400 G TOMATEN, ZERKLEINERT
- ☐ 1 EL OREGANO, FEIN GEHACKT
- ☐ 100G SCHWARZE OLIVEN, ENTKERNT UND HALBIERT
- ☐ 1 EL KAPERN, EVTL. ZERKLEINERT
- ☐ 400G SPAGHETTI
- ☐ SALZ UND PFEFFER

ZUBEREITUNG

1. Wasser aufkochen, ordentlich salzen und die Spaghetti hineingeben.

2. Das Olivenöl in einem großen Topf erhitzen. Zwiebel, Knoblauch und Chilis auf niedriger Temperatur darin ca. 6 Minuten dünsten, bis die Zwiebel glasig werden. Anschließend Sardellen dazugeben und gut unterrühren.

3. Nun Tomaten, Oregano, Oliven und Kapern zerkleinern, hineingeben und zum Köcheln bringen.

4. Sobald der Topfinhalt brutzelt wie deutsche Touristen am Strand von Jesolo, wird die Hitze reduziert und alles mit Salz und Pfeffer abgeschmeckt. Profis passen die Menge der Kapern der Anzahl ihrer Schäferstündchen in den letzten 6 Monaten an.

5. Zuletzt die Pasta abgießen, abtropfen, mit der Soße vermengen und sofort servieren. Et voilà: Sie schmecken nun, was bereits zahlreiche Dirnen vor Ihnen geschmeckt haben.

VEGANE

DAUER: „Billy the Mountain" von Frank Zappa (24:47 min)

SKILLS: können sogar Fleischfresser zubereiten

VEGANE WRAPS

Wraps sind mit einem weichen Fladenbrot ummantelte Füllungen, die im Ranking beliebter Fingerfoods auch hierzulande vordere Plätze einheimsen.

Der Wrap lässt sich mit so gut wie allen leckeren Zutaten befüllen, die sich in Ihrem Kühlschrank befinden. Ob Pilze, Paprika, Zwiebeln, Salatblätter oder das verschrumpelte Stück Etwas, dass sich im hinteren Kühlschrankfach befindet und durchaus einmal eine Gurke gewesen hätte sein können.

Natürlich können Sie die Wraps auch mit Wurst bestücken, doch dann würde es sich nicht um die titelgebenden veganen Wraps handeln, sondern um befleischte Rollen. Logisch, oder?

WRAPS

Für den Wrap:

- ☐ 1 PCK. GOUDA SCHEIBEN
- ☐ 2 TORTILLAS, MEHRKORN
- ☐ 8 GROSSE KOPFSALATBLÄTTER
- ☐ 4 EL HUMMUS
- ☐ 1 PAPRIKA, GESTIFTELT
- ☐ 1 GURKE, GESTIFELT
- ☐ 1/2 FRISCHER ROTKOHL, FEIN GESCHNITTEN
- ☐ 1 KAROTTE, GESTIFTELT

Für den Dip:

- ☐ 1 PCK. GOUDASCHEIBEN
- ☐ 1 EL INGWER, GEPRESST
- ☐ 1 KNOBLAUCHZEHE, GEWÜRFELT
- ☐ 1/2 TASSE WASSER
- ☐ SALZ ZUM ABSCHMECKEN
- ☐ LIMETTENSPALTEN ZUM GARNIEREN

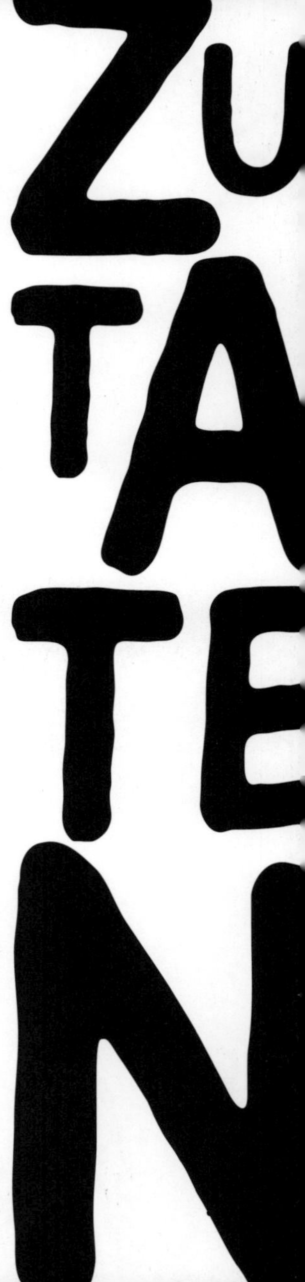

VEGANE

1. Salatblätter, Hummus, Goudascheiben und das Gemüse auf beiden Tortillas üppig verteilen.

2. Tortillas eng zusammenrollen[4] und in kleinere Röllchen schneiden.

3. Für den Dip alle Zutaten zu einer cremigen Konsistenz pürieren.

4. Die Röllchen mit dem Dip beträufeln oder Dip separat servieren.

5. Mit Korianderblättern und Limettenspalten garnieren.

[4] Spät-Hippies und 68er sind hier klar im Vorteil.

WRAPS

ZUBEREITUNG

MESSE-
&
FESTIVAL
FRASS

Konzerte und insbesondere Musikfestivals stehen seit jeher auf der Liste jener Orte, die nicht unbedingt mit „gutem Essen“ in Verbindung gebracht werden. Entweder ist der Fraß beim Food-Truck zu kalt, nicht identizifierbar oder schlicht zu teuer – oft genug aber auch alles zusammen. Wackere Naturen essen also vor dem Festivalbesuch eine Ladung Kohletabletten[5] und lachen über anderen Besucher, die sich über die noch schlechteren Hygienestandards der Festivaltoiletten beklagen. Black Metal-Fans gelten dabei als die Robustesten unter den Festival-Gängern und ernähren sich während ihres dreitägigen Aufenthalts in Wacken[6] ausschließlich von Bier.

[5] O-Ton eines Wackenbesuchers: „Da musst du 3 Tage lang nicht auf Klo! Aber wehe, wenn du zu Hause bist! Das ist dann wie eine Geburt!“

[6] ...während sie den obligatorischen Freizeit-Beschäftigungen abseits der Bühnen nachgehen, wie Bibelweitwurf oder Hexenverbrennungen.

DAUER: Iron Maidens „Killers“ (43:53)

SKILLS: trinkfester Wackenbesucher

DER WACKEN-RIEGEL

Das Wichtigste: Die Mahlzeit auf Festivals muss in Happen abgepackt, mit den Händen essbar[7] und bekömmlich sein.

Jeder, der schon mal auf einem Festival war, weiß, auf Festivals herrschen eigene Regeln: Der Rucksack mit den daheim liebevoll vorbereiteten Gewürzgurken fliegt bereits am ersten Tag ins Zelt und die Tüte mit den glutenfreien Linsenbällchen landet mit einer an Bestimmtheit grenzender Wahrscheinlichkeit in einer Bierlache, ehe überhaupt noch die erste Band einen Ton gespielt hat.

Wir raten Ihnen also zu einem bekömmlichen, selbst gemachten Energieriegel, den Sie trotz Dauerrausch immer griffbereit in Ihrer Hose aufbewahren können.

[7] Also scheiden schonmal Zanderfilet in Senfsauce und das allseits beliebte Saftgulasch aus.

- ☐ 150 G HAFERFLOCKEN
- ☐ 50 G VOLLKORNMEHL (Z.B. DINKEL)
- ☐ 50 G ROSINEN
- ☐ 50 G DATTELN
- ☐ 60 G KOKOSÖL
- ☐ 60 ML WASSER
- ☐ 5 EL HONIG
- ☐ 50 G UNGESCHÄLTE HANFSAMEN

Falls verfügbar:

- ☐ 3 EL BRENNNESSELSAMEN
- ☐ 1 EL WEIZENKLEIE ALS MAGNESIUMLIEFERANT

1. Kokosöl schmelzen, Datteln grob hacken und mit den restlichen Zutaten in einer Schüssel zu einem Teig vermengen.[8]

2. Auf einem Backblech mit Backpapier verteilen, mit Haferflocken bestreuen und etwa ein bis zwei Zentimeter dick ausrollen.

3. In rechteckige Riegel schneiden und bei 200° C eine Viertelstunde lang backen.[9] Die erforderliche Backzeit variiert je nach verwendeten Zutaten und Riegeldicke. Darum am besten gelegentlich prüfen, ob die Riegel schon fester geworden sind. Sie dürfen auch leicht bräunen, sollen aber nicht zu dunkel werden.

4. Echte Metal-Fans verpacken die Riegel stilecht in die ausgedruckten Plattencover ihrer Lieblingsalben, wie etwa Manowars „King of Metal“ oder Metallicas „And Justice for All“

[8] Sofern die Pampe farblich an die undefinierbare Substanz in den DIXI-Toiletten am Festivalgelände erinnert, haben Sie alles richtig gemacht.

[9] Connaisseure hören dabei epische Metal-Klassiker wie „Rime of the Ancient Marnier“ von Iron Maiden oder „The Ivory Gate of Dreams“ von Fates Warning.

APROPOS BIER KONSUM

APROPOS BIERKONSUM

Bier steigert bekanntlich den Appetit. Aber wussten Sie, dass es dabei auch schlank macht? Eine von Wissenschaftlern am Brigham-Frauenkrankenhaus in Boston an 19.000 Frauen über 13 Jahre durchgeführte Studie besagt: Proband*innen, die maßvoll Bier oder Wein konsumierten, litten weniger unter Übergewicht als jene, die keinen Tropfen Alkohol tranken. In diesem Sinne können wir Sie nur auf unser Werk „Zum Pissen reichts – das etwas andere Cocktailbuch" verweisen.[10]

[10] ...natürlich Ihrer Gesundheit zuliebe.

KATER FRÜHSTÜCK

DAUER: Live-Version von „Katzenklo“ von Helge Schneider (10 min)

SKILLS: leider nicht für Hundebesitzer

KATERFRÜHSTÜCK

Viele kluge Köpfe haben sich bereits den Kopf darüber zerbrochen, womit man einem Kater am besten entgegentritt. Früher schwor man auf Heringe, ätherische Öle oder animalischen Guten-Morgen-Sex. In Osteuropa vertraut man heute noch auf Gurken, die am Tag danach mit ordentlich Wodka verzehrt werden.

Heute hingegen weiß man, dass man dem Kater am besten präventiv vorbeugt, in dem man beim Saufen viel Wasser trinkt oder sich der weisen Worte Janoschs erinnert: „Die Kunst des Saufens: nie ein Glas zu viel zu trinken ... oder zu wenig.“

Weil sich unter unseren Leserinnen und Lesern viele Katzenfans befinden, ist es hier Zeit, an unsere flauschigen Vierbeiner zu denken. Gehen Sie auf den Fischmarkt und kaufen Sie ihrer Fellnase[11] einen ganzen Fisch. Et voilà: Ihr Kater hat nun ein Frühstück.!

[11] Sollten Sie keine männliche Katze haben, egal: Jede Katze liebt Fisch.

DER SCHNELLSTE ESSER DER WELT

Furious Pete ist ein kanadischer Wettkampfesser, der mehrere Weltrekorde in der zweifelhaften Kategorie des Schnellessens innehat. 2012 verschlang er bei der Talentshow Canada‘s Got Talent fünf hartgekochte Eier, drei dicke Scheiben Schinken, zwei Bananen und eine Packung Milch in 51 Sekunden und grüßte sein Publikum anschließend ostentativ mit einem ordentlichen Rülpser. Die Jury honorierte die Performance mit einem dreimaligen NEIN.

MAURERFORELLE

DAUER: Zähneputzen (5 min)

SKILLS: Maurerausbildung

MAURERFORELLE

Dieser schnelle Snack ist ein klassisches, österreichisches Gericht und wird – wie der Name vermuten lässt – der Handwerkszunft zugeordnet. Die Maurerforelle zeichnet sich einerseits durch eine schnelle Zubereitung aus, andererseits durch den noch stundenlang anhaltenden Mundgeruch, der dem Verzehr nachhängt.

- ☐ 2 PUTENKNACKER[12]
- ☐ 1 ROTE ZWIEBEL
- ☐ 1 EI
- ☐ 1/2 SALZGURKE
- ☐ SALZ & PFEFFER

[12] Obwohl es sich bei der Maurerforelle nicht um einen beliebten nordischen Salzwasserfisch handelt, kann es sein, dass sich in der Putenknacker Spuren von Fisch befindet. Sie kennen doch die Geschichte vom McDonalds Fischburger, oder?

ZUBEREITUNG

1. Zuerst die Haut der Putenknacker abziehen und der Länge nach mittig aufschneiden. Zwiebel schälen, in dünne Scheiben zerkleinern und die Knacker damit belegen.

2. Anschließend die Zwiebel mit Salz und Pfeffer verfeinern und die Knacker zusammenklappen. Das gekochte Ei schälen und vierteln sowie die abgespülte Gurke in dünne Scheiben schnippeln. Die gefüllten Knacker auf ein Teller legen und mit dem Ei und den Gurkenscheiben garnieren.[13]

[13] „Zum ersten Mal sind wir dankbar, dass es keine Fotos ins Buch geschafft haben."
— Anm. des Herausgebers

ZUB ER EI TUNG

Kellner: „Hat es Ihnen geschmeckt?“
Gast: „Ich hab schon besser gegessen!“
Kellner: „Aber gewiss nicht bei uns!“

HAU
PT

SPEISEN

BOHNENEINTOPF NACH BUD-SPENCER-ART

DAUER: „Die rechte und die linke Hand des Teufels“ (110 min)

SKILLS: idiotensicher

BOHNENEINTOPF NACH BUD-SPENCER-ART

Wenn Sie zur Gruppe der sogenannten Millennials[14] gehören, haben Sie Ihre Kindertage ebenfalls oft vor dem Fernseher zugebracht und sich bei Filmen mit Bud Spencer und Terence Hill schlapp gelacht.

Als Kind konnte man von den Klamaukfilmen der zwei italienischen Haudegen gar nicht genug kriegen. Dabei sind primär die handfesten Keilereien und rustikalen Fressgelage nachhaltig in Erinnerung geblieben.

Aber so derb das Essen auch inszeniert war, so gleichermaßen schwierig war es, das Ganze mit leeren Magen anzugucken. Wenn Terrence Hill in „Die rechte und die linke Hand des Teufels“ in der Taverne seine Bohnen mampft, als hätte er eine ganze Woche lang gehungert, dann möchte man sofort augspringen, in die Küche laufen und sich selbst so eine Köstlichkeit zubereiten.

[14] In akademischen Kreisen auch als Generation Y bekannt – abgeleitet vom englischen „Why“, da sie, ähnlich wie die Autoren des Buches, bei jeder Gelegenheit blöde Fragen stellt.

- ☐ SPECK[15]
- ☐ 400 G WEISSE BOHNEN
- ☐ 400 G KIDNEYBOHNEN
- ☐ 400 G MAIS
- ☐ 400 G GESCHÄLTE TOMATEN
- ☐ 1/2 KNOBLAUCHZEHE
- ☐ 1 ZWIEBEL
- ☐ 1 TL PAPRIKAPULVER
- ☐ SALZ UND PFEFFER

Für den authentischen Kick:

- ☐ EINE ALTE, PATINIERTE UND ZERBEULTE PFANNE AUS GUSSEISEN
- ☐ HOLZ-KOCHLÖFFEL

[15] Sollten Sie der veganen/vegetarischen Küche angehören, können Sie den Speck durchaus weglassen. Nehmen Sie stattdessen Salami.

1. Den Speck in mundgerechte Happen schneiden und zusammen mit dem zerkleinerten Knoblauch in heißem Rapsöl anbraten. Warten Sie, bis der Speck eine glasige, fast durchsichtige Oberfläche bekommt und geben Sie die grob gewürfelte Zwiebel dazu.

2. Legen Sie das Lied „Trinity“ vom Soundtrack zu „Die rechte und die linke Hand des Teufels“ auf und pfeifen Sie die geniale Melodie inbrünstig mit. Anschließend kippen sie die Bohnen, den Mais und die geschälten Tomaten in die brutzelnde Pfanne.

3. Sollten Ihnen der Eintopf zu flüssig sein, geben Sie einfach ein paar gekochte Kartoffeln dazu und stampfen Sie den Brei ordentlich durch. Nun lassen sie das Ganze eine halbe Stunde auf kleiner Flamme köcheln.

4. Gemampft wird der deftige Bohneneintopf im Anschluss direkt aus der Pfanne, selbstredend mit einem großen Holz-Kochlöffel.[16]

[16] Sollten Sie dieser Aufforderung nicht nachkommen, schauen sie sich zur Strafe nochmal die „Plattfuß“-Reihe mit Bud Spencer an.

ARIELLE, DAS MEERFISCHMAHL

DAUER: zwei „Popeye"-Folgen (12 min)

SKILLS: Sie müssen kein Popeye sein

ARIELLE, DAS MEERFISCHMAHL

In einer Zeit, in der manche Kinder glauben, Hühner kommen als panierte, mundgerechte Chicken McNuggets zur Welt, darf ein flottes Fertigessen natürlich nicht fehlen. Fragt man den Nachwuchs nach seinem Lieblingsessen, so finden sich darunter häufig Klassiker wie Spaghetti Bolognese, Grillwürstel und Fischstäbchen.

In familienfreundlichen Landgasthäusern finden sich Kinder-Speisen oft als launige Euphemismen auf der Speisekarte wieder. Da werden Spaghetti Bolognese zu Winnetou, Wiener Schnitzel zu Mickey Maus und Fischstäbchen mit Spinat zu Arielle. Schön kross rausgebrutzelt und mit einer Kelle Spinat[17] serviert, wird das Gericht dem Titel dieses Buches allemal gerecht.

[17] Vitamine – fürs schlechte Gewissen!

- [ ] 1 PCK. FISCHSTÄBCHEN
- [ ] 1 PCK. SPINAT
- [ ] ZITRONE
- [ ] ÖL

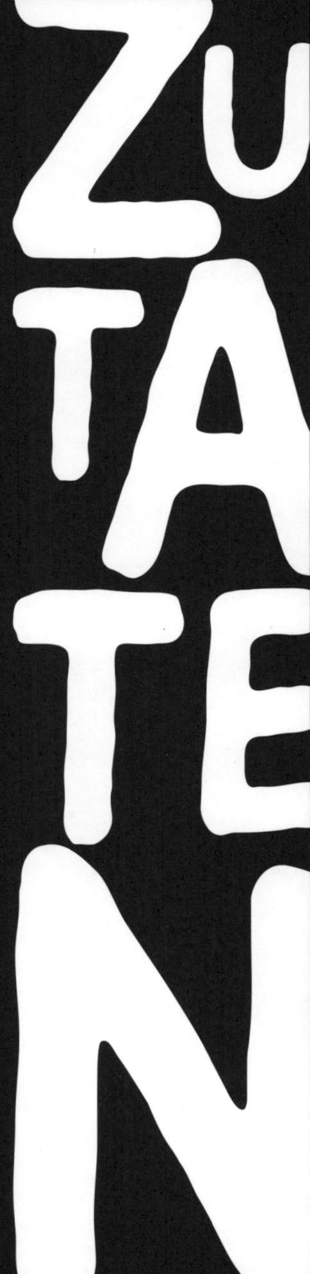

ZUBEREITUNG

1. Brutzeln Sie den Inhalt der Fischstäbchen-Verpackung[18] ein paar Minuten in heißem Öl heraus.

2. Erhitzen Sie den Spinat in einem ausreichend großen Topf, bis er die Konsistenz von Babybrei erreicht.

3. Pressen Sie vor dem Verzehr etwas Zitrone auf die Pampe, um wenigstens einen Hauch von Würde zu bewahren.

[18] Ob die im Supermarkt zu findenden Fischstäbchen tatsächlich Fisch enthalten, lässt sich leider nicht mit Bestimmtheit sagen.

FLEISCH IM KÖRBCHEN

DAUER: eine Folge „Baywatch“ (45 min)

SKILLS: könnte sogar David Hasselhoff zubereiten

FLEISCH IM KÖRBCHEN

Gefüllte Paprika bieten sich an, wenn Sie Freunde zu sich einladen und etwas anders kochen wollen als Ihren herkömmlichen Grenadiermarsch. Voraussetzung ist allerdings ein Backrohr, was die Zubereitung für Studierende, Amerikaner[19] und Beduinen schon mal uninteressant macht.

TIPP

Achten Sie beim Einkauf darauf, dass es sich bei der Auswahl Ihres Gemüses auch tatsächlich um Paprika handelt und nicht um einen formähnlichen, hochgezüchteten Jalapeño.[20]

[19] Bekanntlich kocht der Durchschnittsamerikaner (und bekanntlich gibt es keine anderen) ausschließlich mit der Mikrowelle: „Just heat the damn thing!“

[20] Dies wäre in etwa so, als würden Sie anstatt zu TicTac zum Pfefferspray greifen.

- ☐ 8 GRÜNE PAPRIKASCHOTEN
- ☐ 500 G HACKFLEISCH,
  RIND UND SCHWEIN GEMISCHT
- ☐ 200 G GEKOCHTER REIS
- ☐ 60 G ZWIEBEL, FEIN GESCHNITTEN
- ☐ 1 EL OLIVENÖL
- ☐ 400 ML TOMATENSOSSE, PASSIERT
- ☐ SALZ UND PFEFFER

ZUBEREITUNG

1. Den Deckel der Paprika abschneiden, weiße Samenkörner entfernen und auswaschen.

2. Hackfleisch mit gekochtem Reis und etwas Wasser vermengen und inbrünstig durchkneten.

3. Zwiebel in Öl rösten, mit den Gewürzen, gepresstem Knoblauch und Petersilie vermengen. Masse in die Paprika einfüllen.

4. Backrohr auf 180 °C vorheizen, Tomatensauce in einem Topf oder einer Kasserolle gießen, Paprika einlegen und bei mäßiger Hitze, schwach wallend, zugedeckt dünsten.

ÜBERLEBEN IN DER WILDNIS

Der britische Dokumentarfilmer und Überlebenskünstler Bear Grylls ist für seine Fernsehserie „Ausgesetzt in der Wildnis" bekannt, in der er vor laufender Kamera Riesenlarven, Skorpione oder stinkendes Aas verzehrt. Der deutsche Überlebenskünstler Rüdiger Nehberg ist aus ähnlichem Holz geschnitzt. In einem Interview erzählte er davon, wie er einmal eine riesige Schlange aus dem Fluss gezogen und gestaunt hatte, als die Schlange plötzlich eine kurz zuvor verspeiste Gazelle hervorwürgte. Nehberg nahm es sportlich und ließ die Schlange ziehen. Die Gazelle hingegen ließ er sich schmecken.

DIE HENKERSMAHLZEIT

DAUER: „Todgeweihte haben keine Eile“

SKILLS: mittelmäßig wie das Leben

DIE HENKERSMAHLZEIT

In den USA wird zum Tode verurteilten Menschen häufig der Wunsch nach einem letzten Mahl gewährt – die Henkersmahlzeit. Oft besteht sie aus Cheeseburgern mit Pommes Frites oder Steak mit Eiern; als Dessert liegt das Eis hoch im Kurs.[21]

Der verurteilte Mörder Ricky Ray Rector aß kurioserweise nur einen Teil seiner Henkersmahlzeit, weil er sich den Rest für später aufheben wollte. Victor Feguer, ebenfalls ein verurteilter Mörder, erbat sich als letztes Mahl eine Olive mit Kern. Er erzählte den Wachen, er hoffe, daraus möge ein Olivenbaum auf seinem Grab wachsen – als Zeichen der Hoffnung. Auch wenn die Todesstrafe mit dem einhergehenden Henkersmahl in Europa vor vielen Jahren abgeschafft wurde, werden wir Ihnen die klassisch-deutsche Variante dieses Gerichts keineswegs vorenthalten:!

[21] Sie sehen, auch Todgeweihte haben kulinarische Mindestansprüche. Trotz ausgiebiger Recherche der Autoren konnte keine Todeszelle ausfindig gemacht werden, wo ein veganes Gericht konsumiert wurde. Wir enthalten uns jeglicher Meinung diesbezüglich.

ZUTATEN

- ☐ 150 G SCHWEINESCHNITZEL
- ☐ 1 ZWIEBEL
- ☐ 2 PIKANTE PEPERONCINI
- ☐ 1 TL SENF
- ☐ 1 BAUERNBROT
- ☐ 1 TL CHILIFLOCKEN
- ☐ 1 TL BUTTER
- ☐ 1 TL SCHMALZ
- ☐ 2 SCHEIBEN CHESTERKÄSE
- ☐ SALZ UND PFEFFER

ZUBEREITUNG

1. Zwiebel und Peperoncini in feine Ringe schneiden.[22] Schmalz in einer Pfanne erhitzen und Zwiebel mit Peperoncini darin goldbraun anbraten. Herausnehmen und mit den Chiliflocken ordentlich würzen.

2. Das Schnitzelfleisch waschen, trocken tupfen, etwas flach drücken. Wie Sie bereits im ersten Teil dieser Reihe gelernt haben, können Sie hierfür eine Flasche verwenden. Oder einen Ihrer Schuhe. Frischhaltefolie sorgt dafür, dass Ihr Fleisch nicht reißt und schmutzig wird. Nun das Fleisch mit Pfeffer und Salz würzen und in der Pfanne kräftig anbraten.

3. Anschließend das Brot mit etwas Butter bestreichen und mit dem Senf aromatisch verfeinern. Schnitzel auf das Brot legen, das Zwiebelgemisch darauf verteilen und mit dem Chester abdecken. Zuletzt im 180 °C vorgeheizten Ofen etwa 10 Minuten überbacken und mit Blattsalat servieren.

[22] An dieser Stelle sollte angemerkt werden, dass Peperoncini – ähnlich wie Zwiebeln – zu Tränen rühren können, vor allem, wenn Sie sich nach der Zubereitung nicht die Hände waschen.

DAS SIEHT ABER NICHT AUS WIE AUF DEM BILD

Jeder kennt folgendes Szenario: Man sieht sich abends den neuen Nicolas-Cage-Streifen an und bekommt Kohldampf. Man geht auf eine der vielen Online-Seiten, surft durch die köstlich aussehenden Bilder, bestellt voller Vorfreude ein Gericht und wundert sich später bei der Ankunft über das undefinierbare Etwas in den Tüten.[23]

Heute gibt es Food-Artists, die sich um nichts anderes kümmern, als das Essen möglichst schmackhaft aussehen zu lassen. Dabei greifen sie tief in die Trickkiste. Haarspray für mehr gesunden Glanz, Schmieröl als Honig-Ersatz und Rasierschaum für die stabile Bierkrone. Eine besondere Herausforderung erlebte Food-Stylistin Zoe Hegedus beim Film „Midsommar“, als sie eine Szene mit einem Eigelb vorbereiten musste. Da es während der Dreharbeiten in Ungarn extrem heiß war und das Ei schnell die Farbe verlor bzw. zu riechen begann, wurde statt Eigelb einfach eine aufgeschnittene Mango verwendet. Trauen Sie also keinem Film. Alles fake!!

[23] Generell sollten Sie Restaurants meiden, in denen mehr als 15 Speisen angeboten werden. In der Regel liegt das geschmackliche Niveau solcher Lokalitäten irgendwo zwischen Katzenfutter und dem Fraß, der Sträflingen im Zuchthaus als Essen vorgesetzt wird.

„Seht euch dieses Bild an:
Es ist fleischig, saftig und sieben Zentimeter dick...
Nun seht euch dieses traurige, jammervolle, zerquetschte Ding an.“

- Michael Douglas in „Falling Down“

DAUER: „Justice League: Snyder Cut“ (242 min)

SKILLS: Sie müssen kein Latein können

KÄSEFONDUE BEI DEN SCHWEIZERN

Das Fondue ist ein nicht nur bei unseren Schweizer Nachbarn beliebtes Gericht, sondern sorgt auch in hiesigen Gefilden als besonderes Event zu Weihnachten oder anderen feierlichen Anlässen für Gaumenfreuden. Dabei versammeln sich alle Teilnehmer um einen mit Käse oder Öl gefüllten Bottich und tunken Ihre kleinen Happen in die erhitze Flüssigkeit.

Ein Fondue sollte nie allein, sondern ausschließlich in einer netten Runde unter Freunden und Bekannten genossen werden. Wie man sich dabei zu verhalten hat, kann man in dem Comicband „Asterix bei den Schweizern“ nachblättern. „Die Peitsche, die Peitsche!“[24]

[24] Sollten Sie diesen Gag nicht verstehen, haben Sie Ihre Kindheit wohl mit weniger geistreichen Comics verbracht, wie etwa „Bessy“ oder „Lurch, der Berserker“.

KÄSE FONDUE BEI DEN SCHWEIZERN

- ☐ 1 KNOBLAUCHZEHE
- ☐ 400 G EMMENTALER
- ☐ 400 G GREYERZER KÄSE
- ☐ 350 ML TROCKENER WEISSWEIN
- ☐ SALZ
- ☐ PFEFFER
- ☐ GERIEBENE MUSKATNUSS

ZUBEREITUNG

1. Der Fonduetopf wird mit der Knoblauchzehe gut ausgerieben. Danach die Knoblauchzehe pressen und mit fein geschnittenen (oder gehobelten) Käse und dem Wein bei mittlerer Hitze im Fonduetopf auf dem Herd unter ständigem Rühren erwärmen[25] und zu einer glatten Creme verrühren.

2. Zum Schluss noch nach Geschmack mit Salz, Pfeffer und Muskat würzen.

3. Über einem Warmhaltekocher wird der Topf nun serviert. Dazu wird in Würfel geschnittenes Baguette gereicht.

[25] In der Regel erreichen Sie dieses durch die Zufuhr von Hitze. Alternativ können Sie es auch halb nackt mit Strapsen versuchen.

DER KINDERSCHRECK

DAUER: eine Folge „Scooby Doo“ (30 min)

SKILLS: easy peasy

DER KINDERSCHRECK

Blumenkohl-Käse-Leibchen sind das lukullische Äquivalent zu aktuellen Nicolas Cage Filmen - ohne großen Aufwand hergestellt, leicht zu verdauen und dennoch schmackhaft.

Sollten Sie überzeugt sein, dass Blumenkohl — ähnlich wie Spinat — von Eltern erfunden wurde, um Kinder zu ärgern, müssen wir Ihnen vehement widersprechen. Blumenkohl ist reich an Vitamin C[26] sowie Mineralstoffen und wird zusammen mit Käse zu einem aromatischen Gaumengenuss!

[26] Bedenken Sie, Ihre Kinder sind unsere künftigen Buchkäufer und haben entsprechend nur das Beste verdient.

ZUTATEN

- ❑ 1 GROSSER BLUMENKOHL
- ❑ 3 EIER
- ❑ 100 G SEMMELBRÖSEL
- ❑ 1 LAUCH
- ❑ 60 G GERIEBENER EMMENTALER
- ❑ 1 EL PETERSILIE
- ❑ 1 EL SCHNITTLAUCH
- ❑ SALZ UND PFEFFER
- ❑ 1 EL BELIEBIGES ÖL

ZUBEREITUNG

1. Zuerst den Blumenkohl putzen und in kleine Röschen teilen. Anschließend in Salzwasser weich kochen, abseihen und mit einer Gabel zerdrücken.

2. Jetzt den Lauch, Schnittlauch und Petersilie fein hacken und gemeinsam mit Blumenkohl, Eier, Brösel und Käse vermischen. Alles mit Salz und Pfeffer würzen und 30 Minuten rasten lassen.

3. YouTube öffnen und sich ein „Best-of" von Nicolas Cages Method Acting ansehen.

4. Danach Laibchen formen, in Semmelbrösel wälzen und in einer beschichteten Pfanne in heißem Öl knusprig braten.[27]

[27] Um etwas Witz ins Kochen zu bringen, gestalten Sie die Leibchen in Form kommunistischer Despoten, männlicher Phalli oder abenteuerlicher Frisuren von Nicolas Cage.

DAUER: je nach Skills (ca. 17 min)

SKILLS: diese Stelle musste leider zensiert werden

POLENTA

Polenta gehört zu den am meisten unterschätzten Gerichten im deutschsprachigen Raum. Bis vor zehn Jahren galt der Maisbrei noch als Arme-Leute-Gericht und wurde als absolutes Notessen serviert, wenn keine Alternative im Haus war. Sollten Sie zur Gattung Mensch gehören, die zu einem Konzert der Amigos gehen, weil die Kastelruther Spatzen ausverkauft waren, wissen Sie, wovon wir reden. Doch Zeiten ändern sich und so gilt die Polenta heute wieder als nahrhafte und durchaus potente Speise, die jeder Koch und jede Köchin auf ihren Speiseplan haben sollte. Womit Sie Polenta schlussendlich bestreichen, ist gänzlich Ihrer eigenen Kreativität überlassen!

LENTA

ZUTATEN

- ☐ 125 ML MILCH
- ☐ 10 G BUTTER
- ☐ 40 G ZUCKER
- ☐ 1 PCK. VANILLEZUCKER
- ☐ 60 G POLENTA (MAISGRIES)
- ☐ 2 EIGELB
- ☐ 150 G QUARK (TOPFEN)
- ☐ 40 G MEHL
- ☐ 2 EIWEISS
- ☐ ETWAS ÖL ODER BUTTER ZUM BACKEN
- ☐ 200 G ZWETSCHGEN
- ☐ 250 G ÄPFEL
- ☐ 1 EL ZUCKER
- ☐ 50 ML APFELSAFT
- ☐ ETWAS GEMAHLENER ZIMT

ZU BE REI TUNG

1. Zuerst für das Mus die Zwetschgen entkernen und vierteln.[28] Die Äpfel vierteln, Kerngehäuse entfernen und in Stücke schneiden (siehe Fußnoten)

2. Zwetschgen- und Apfelstücke in einen Topf geben. Zucker und Apfelsaft zugeben, aufkochen und zugedeckt für etwa 10 Minuten köcheln lassen. Anschließend mit einem Stabmixer fein pürieren und mit etwas gemahlenem Zimt abschmecken.

3. Milch, Butter, Zucker und Vanillezucker in einen Topf geben und aufkochen. Polenta einrühren, kurz etwas einkochen und danach abkühlen.

4. Eigelb und Quark miteinander vermengen und den Polentabrei löffelweise unterrühren. Das Eiweiß steif schlagen und abwechselnd ~~zusammen~~ mit dem Mehl unterheben.

5. Etwas Öl oder Butter in einer Pfanne erhitzen. Den Teig einfüllen und auf dem Herd goldgelb backen. Danach in mundgerechte Stücke zerteilen.

6. Auf Teller verteilen, mit etwas Puderzucker bestäuben und mit dem Zwetschgen-Apfel-Mus servieren.[29]

[28] Und zwar genau in dieser Reihenfolge, da es ansonsten zu einer Kernspaltung kommen könnte!

[29] Sofern es zu keiner Kernspaltung kam, hat das Gericht eine Halbwertszeit von einem Tag.

GRENADIER MARSCH

DAUER: Die Langfassung von „Rainermarsch“ (20 min)

SKILLS: Grundausbildung als Soldat

GRENADIERMARSCH

Der Name dieses traditionellen österreichischen Gerichts leitet sich aus der Soldatensprache ab und verweist auf seinen praktischen Nutzen[30]. Es ist simpel und mit einfachen Ingredienzien zuzubereiten, weshalb es in proletarischen Kreisen auch als „Resteverwertung“ bekannt ist.

Man kann mit dem Grenadiermarsch ein ganzes Bataillon an Gästen satt kriegen. Ob zehn Tiroler Holzknechte, Fußballmannschaften oder auch Gérard Depardieu - der Grenadiermarsch sorgt stets für volle Bäuche.

[30] Böse Zungen behaupten, der Grenadiermarsch sei die einzige Speise, die Soldaten zuzubereiten imstande wären.

ZUTATEN

- ☐ 350 G FESTKOCHENDE KARTOFFELN
- ☐ 250 G FLECKERL[31] (ODER SONSTIGE NUDELN)
- ☐ 200 G WURST
- ☐ 150 G RAUCHSPECK
- ☐ 100 G ZWIEBEL
- ☐ 80 G BUTTER ODER SCHWEINESCHMALZ
- ☐ 1 TL MAJORAN
- ☐ 1 KNOBLAUCHZEHE
- ☐ PETERSILIE, GEHACKT
- ☐ SALZ UND PFEFFER

[31] Quadratische – meist in österreichischen Provinzen zu findende – Eierteigwaren, die in ihrer banalen Uniformität bestens den Soldatencharakter dieses Gerichts wiedergeben.

ZUBEREITUNG

1. Es beginnt der Schneidespaß: Speck und Wurstreste würfeln, Zwiebel in Scheiben und Kartoffeln in 1 cm dicke Scheiben schneiden.

2. Fett in einer beschichteten Pfanne erhitzen, Wurst und Speck darin rösten, Zwiebeln beigeben und ordentlich weiter rösten.

3. Kartoffeln untermengen und unter mehrfachem Wenden bräunen. Fleckerl daruntermischen, würzen. Mit Petersilie bestreuen.

4. Als Beilage empfiehlt sich fein geschnittenen Endiviensalat mit roten Zwiebeln sowie ein halber Liter Wodka, um dem Verdauungsapparat eine faire Chance bei Vollbringung seiner Pflicht zu geben.

ZuB EREI TUNG

EUPHE

MISMUS

EUPHEMISMUS AUF DEM SCHLACHTFELD

Unter dem Namen Panzerschokolade[32] war während des 2. Weltkriegs eine chemische Substanz weit verbreitet, die Soldaten in willenlose Kampfmaschinen verwandelte, die über viele Stunden keinen Schlaf benötigten und deren Sinne bis aufs äußerste geschärft waren. Heute kennt man die Droge unter einem anderen, weniger verharmlosenden Namen: Chrystal Meth.

Aus juristischen Gründen dürfen wir Ihnen das Rezept hier an dieser Stelle nicht mitteilen. Zu Recht, wie wir meinen: Es darf durchaus angenommen werden, dass sich unsere treuen Leser an der rabiaten Süßspeise „abgebacken“ hätten!

[32] Nachzulesen im von Journalist Norman Ohler geschriebenen Buch „Der totale Rausch – Drogen im Dritten Reich“.

„Wir hielten einander für einen Irrtum der Natur.“[33]

— Roger Willemsen über sein Interview mit Madonna

[33] Sollten Sie sich wundern, warum diese Anekdote hier auftaucht. Aus Prinzip, liebe Leserinnen und Leser. Aus Prinzip!

FRIKADELLEN MIT KARTOFFEL STAMPF

DAUER: eine Folge „Kaisermühlenblues“ (35 min)

SKILLS: idiotensicher[34]

FRIKADELLEN MIT KARTOFFEL-STAMPF

Gebürtige Bayern und Österreicher*innen kennen diesen Küchen-Klassiker unter dem Namen Fleischloaberl mit Erdäpfelpüree. Ein typisches Sonntags-Mittagessen für Familien, bei denen es aus pekuniären Gründen nicht zum originalen Wiener Schnitzel reicht. Nichtsdestotrotz handelt es sich bei Frikadellen mit Kartoffel-Stampf um eine leckere und schmackhafte Alternative zum panierten Klassenprimus.

[34] Wie die Gags in diesem Buch!

- ☐ 500 G GEMISCHTES HACKFLEISCH[35]
- ☐ 1 HANDVOLL SEMMELBRÖSEL
- ☐ 1 EI
- ☐ 1 ZWIEBEL
- ☐ 1 BUND PETERSILIE
- ☐ 1 EL DIJON-SENF
- ☐ SALZ UND PFEFFER

Salat für Feinschmecker:

- ☐ 1 GRÜNER SALATKOPF
- ☐ 1 GELBE PAPRIKA
- ☐ 1 ZWIEBEL
- ☐ 1 EL OLIVENÖL
- ☐ 1 TL WEISSER BALSAMICO-ESSIG
- ☐ SALZ UND PFEFFER

[35] Faschiertes, liebe Bayern und Österreicher, Faschiertes!

ZUBEREITUNG

1. Geben Sie die Zutaten in eine Schüssel und kneten Sie das Ganze hingebungsvoll durch.[36] Anschließend eine Weile ruhen lassen.

2. Aus dem Fleischteig lassen sich anschließend flache Patties formen, die Sie in Butterschmalz beidseitig goldbraun brutzeln.[37]

3. Dazu servieren Sie am besten einen schlichten grünen Salat, den Sie mit einer ordentlichen Portion Balsamico-Essig schön säuerlich anrichten

[36] Wir wissen, was Sie denken. Sie Ferkel.

[37] Anbraten, liebe Preußen, anbraten!

GRILLEN

DAUER: hängt vom Feuer ab

SKILLS: Pfadfinder tun sich leichter

GRILLEN

Es gibt wohl kaum einen Bereich der Essenszubereitung, der mehr von Männern geprägt ist als das Grillen. So wie es in Deutschland Millionen von Fußballtrainern gibt, so gibt es ebenso viele Grillmeister. Grillen fördert die soziale Interaktion und lässt archaische Gefühle auflodern. Um ein Lagerfeuer zu sitzen, einer guten Geschichte zu lauschen und dabei ein Stück Mammut-Keule zu knabbern, ist trotz Smartphone und Internet noch immer tief in unserer DNA verwurzelt.

Das Grillen ist ein Millionengeschäft, auch in Amerika, wo es bekanntlich mehr Rinderzuchtbetriebe gibt als normalgewichtige Einwohner. Bücher über das Grillen erklimmen vordere Bestsellerplätze. Die perfekte Grilltechnik und die Frage nach der passenden Barbecue-Soße[38] werden zur Glaubensfrage. Dabei ist es ein Irrglaube, dass Männer besser grillen als Frauen. In Wirklichkeit haben Frauen einfach keinen Bock auf das Alphatier-Gehabe, das Männer beim Grillen an den Tag legen.

[38] Wisse: Ein gutes Fleisch genügt sich selbst.

ZUB EREI TUNG

ZUBEREITUNG

1. Suchen Sie sich eine passende Lokalisation, um ein tüchtiges Lagerfeuer hochzuzüchten.[39]

2. Besorgen Sie sich ein paar Holzscheite und Kohle. Sorgen Sie für eine rotglühende Glut, die keine Flammenzungen mehr schlägt, aber gleichmäßig Hitze abgibt.

3. Legen Sie den Grillrost etwa eine Faustbreit über das glühende Inferno und beginnen Sie mit der Zubereitung.

4. Nun wandern nach Gusto auf den Rost: Würstchen, Steak, Spareribs, Hühnerkeule und vieles mehr. Tun Sie Ihrer Gesundheit etwas Gutes und vergessen Sie nicht, auch etwas Platz für Grünes zu lassen. Ihr Herz wird es Ihnen danken.

5. Seien Sie vorsichtig, wenn Sie heimtückische Brühwürste braten, denn der Käse platzt gern auf und brennt hinterhältig im Auge!

[39] Alternativ können Sie auch auf Ihren klapprigen Einweg-Grill zurückgreifen, der seit 3 Jahren unbenützt in Ihrer Garage steht.

DIE VEGANE LUST

Lustspielzeug in Form von Gemüse erfreut sich nicht nur bei Frauen einer großer Beliebtheit. Ob Salatgurke, Banane oder Zucchini - alles, was zum Einführen einlädt, verkauft sich gut. Die Verkaufsschlager sind Maiskolben, die aufgrund ihrer knubbeligen Oberflächenbeschaffenheit für zusätzliche Reibung und ein besonderes intensives Gefühl sorgen.[40]

[40] „Wo haben die werten Autoren diese stümperhafte recherchierte Information her?“

– Anm. des Herausgebers *

* „Als seriöse Journalisten sind wir uns der Bedeutung des Quellenschutzes durchaus bewusst.“

– Anm. der Autoren

IM ALL HÖRT DICH NIEMAND KACKEN.

IM ALL HÖRT DICH NIEMAND KACKEN

Raumschiffe und Raumstationen sind nicht unbedingt wegen ihrer Bewegungsfreiheit bekannt. Anders als in Filmen, in denen sich unsere Helden durch lange Korridore und üppig ausgestattete Sets bewegen, ist der Platz auf realen Raumstationen stark begrenzt. Ein Großteil des Stauraums nimmt dabei die Nahrung ein. Ein Problem, das bald schon der Vergangenheit angehören könnte.

Während es auf der ISS längst Filtermaschinen gibt, die Eigenurin wieder in Trinkwasser umwandeln, erforschen Wissenschaftler gerade die Fähigkeit mancher Mikroben-Arten, aus Kot wieder eine potenzielle Nahrungsquelle für Menschen zu machen. Ob sich ein derartiges Gericht durch Käse verfeinern lässt, kann zu gegebenem Zeitpunkt noch nicht gänzlich gesagt werden.[41]

[41] Siehe Blumenkohl-Käse-Leibchen

DAUER: eine „MacGyver“-Folge (48 min)

SKILLS: mit Schweizer-Messer easy

BÄRLAUCHKNÖDEL

Viele Hobby-Köchinnen und Küchen-MacGyver schrecken vor der Zubereitung von Knödeln zurück. Zu groß ist die Angst, die schmackhaften Leckerbissen könnten im heißen Wasser auseinander fallen.

Doch Knödel - in anderen Regionen auch Klopse oder Klöße genannt - sind weder kompliziert herzustellen, noch erfordern sie spezielle Küchenutensilien. Ein paar alltägliche Zutaten, ein großer Topf und ein heißes Wasserbad sind alles, was sie benötigen. Und Mehl - damit sie eben nicht im heißen Wasser auseinander fallen.[42]

[42] Sollten Sie bei diesem Rezept auf einen Gag warten, müssen wir Sie leider enttäuschen. Trotz ausgiebiger Recherche konnten wir nichts Witziges an oder um einen Knödel herausfinden. Um unsere Leser nicht gänzlich zu enttäuschen, haben wir ein Zitat aus fremder Hand und Feder hier beigefügt: „Wer Bier nicht liebt, Weib, Wein und Knödel, der bleibt sein Leben lang ein Dödl!“*

* „Um Himmels Willen, NEIN!“

– Anm. des Herausgebers

Für die Knödel:

- [ ] 400 G KNÖDELBROT / SEMMELWÜRFEL
- [ ] 250 ML MILCH (LEICHT ERWÄRMT)
- [ ] 1 BUND BÄRLAUCH (CA. 140 G)
- [ ] 4 EIER
- [ ] 1 ZWIEBEL
- [ ] 1 PRISE MUSKATNUSS
- [ ] SALZ UND PFEFFER
- [ ] ETWAS MEHL

Für die Soße:

- [ ] BUTTER

1. Knödelbrot (bzw. Semmelwürfel) in Milch einweichen. Verquirlte Eier unterheben. Die Mischung für ein paar Minuten stehen lassen, damit das Knödelbrot schön weich wird.

2. In der Zwischenzeit Zwiebel schälen, fein würfeln und in einer Pfanne mit Butter leicht bräunen. Die angerösteten Zwiebeln unter die Semmelbrösel-Masse rühren und mit Salz, Pfeffer, etwas Mehl und Muskatnuss würzen.

3. Zum Schluss kommt der gewaschene, trocken geschüttelte und fein geschnittene Bärlauch dazu und wird liebevoll in die Knödelmasse eingemischt.

4. Mit befeuchteten Händen 6-8 Knödel formen und für 30 Minuten ruhen lassen. Wenn Sie dabei Brüste formen sollten, dann wäre ein klärendes Gespräch mit Ihren Eltern empfehlenswert.[43]

5. Nun das Salzwasser zum Kochen bringen und die Knödel darin ca. 20 Minuten kochen. Danach können sie abgeschöpft und mit etwas geschmolzener Butter serviert werden.

[43] ...oder gefühlsvolle Literatur wie beispielsweise „Zum Vögeln reichts – der etwas andere Dating-Guide“

FÜR ZWISCHENDURCH? EINEN SCHLECHTEN WITZ!

Herr Zulauf sitzt in seiner Küche vor einem riesigen Berg alter, geschnittener Semmeln.

Sein Sohn kommt herein und fragt:
„Ja, Papa, was machst du denn da?"
„Ich will mir ein paar Knödel kochen! Und da steht im Kochbuch, man schneide drei Tage alte Semmeln."

„Ja und?", fragt sein Sohn.
„Na, ich schneide erst seit zwei Tagen!"

ESSEN IN BITS UND BYTES

Die Liebe zum Essen macht auch vor Videospielen nicht halt und hat eine lange Tradition. Seit dem Ende der Siebzigerjahre des vorigen Jahrhunderts, als die visuellen Welten salonfähig wurden, pressten Spielprogrammierer gern Essen in Bits und Bytes. Während sich „Pacman" als einer der ältesten Videospiel-Charaktere noch an gelben Punkten satt frisst, konnte man in „Pizza Connection" bereits zum Star-Pizzabäcker aufsteigen, ehe Klempner Mario in „Super Mario Bros." seinen Siegeszug durch die Einnahme von bewusstseinserweiternden Pilzen[44] antrat. Heute fungiert die Zubereitung von gecodeter Nahrung oft als Minispielchen, wie etwa bei „Zelda: Breath of the Wild" und „Monster Hunter"; oder sind gleich kompletter Spielinhalt, wie bei dem immens populären Mehrspielhit „Overcooked", in dem man mit einem knuffigen Charakter den virtuellen Kochlöffel schwingt. Die Liebe zum Essen geht so weit, dass die Modder-Community sich über die fehlende Akribie der Speisen im Mega-Rollenspiel „The Elder Scrolls V: Skyrim" echauffierte und dem Spiel-Essen kurzerhand neue HD-Texturen verpasste. Zuletzt ergötzen sich Gamer in „Final Fantasy XV" an den über 100 fotorealistischen Mahlzeiten, die im Square-Enix-Rollenspielepos verzehrt werden können. Mahlzeit.

[44] Das erklärt auch, warum der Klempner immer wieder mit seinem Kopf gegen Steinblöcke hämmert.

VERSTECKTER HUNGER

Auf dem Album „Ænima“ der amerikanischen Progressive-Band Tool befindet sich als Track 12 ein Lied mit dem Titel „Die Eier von Satan“. Es handelt sich dabei um ein auf Deutsch vorgetragenes Rezept für Haschischkekse. Die spinnen, die Amis.

DAUER: Walkürenritt von Richard Wagner (45 min)

SKILLS: gehoben

GULASCHKANONE SCHWAMMERLGULASCH

Sollten Sie auf dem Land aufgewachsen sein, kennen Sie vielleicht jenen großartigen Moment, wenn Sie beim Schwammerlsuchen im Wald plötzlich die gelben Schätze entdecken, die ihre Häupter inmitten von Farnen oder Moos aus der Erde strecken.

Die Zubereitung von Schwammerlgulasch[45] hat etwas Archaisches. Das Finden der Pilze im Wald, das gewissenhafte Putzen und die anschließende Zubereitung in der Pfanne lassen erahnen, wie sich unsere Vorfahren damals gefühlt haben müssen.

[45] Österreichisch für „Pilzragout". Sie sollten mehr reisen!

GULASCHKANONE

SCHWAMMERLGULASCH

- ☐ 1 KG PFIFFERLINGE[46]
- ☐ 1 ZWIEBEL
- ☐ 1 BECHER SÜSSRAHM (SCHLAGSAHNE)
- ☐ 1 BUND PETERSILIE
- ☐ 1 EL PAPRIKAPULVER, EDELSÜSS
- ☐ 1 TL KÜMMEL
- ☐ 1 EL PFLANZENÖL
- ☐ 4 EL MEHL
- ☐ SALZ UND PFEFFER

[46] Sollten Sie auch dieses Wort nicht kennen, übersetzen wir es Ihnen liebend gerne: Eierschwammerl!

ZUBEREITUNG

1. Schwammerl putzen und feinblättrig schneiden. Anschließend Zwiebel feinwürfeln und im Öl auf kleiner Flamme goldig anrösten. Unbedingt warten, bis die Flüssigkeit verdampft ist.

2. Nun edelsüßes Paprikapulver darüberstreuen und einen Moment mitrösten – aber nur kurz, damit das Pulver nicht bitter wird, wie die Laune Ihrer hungrigen Gäste.

3. Anschließend mit Süßrahm aufgießen, mit Kümmel würzen und die Schwammerl zugedeckt weich dünsten.

4. Zum Schluss fein gehackte Petersilie dazugeben und mit Salz und Pfeffer abschmecken – falls nötig, mit etwas Mehl stauben, bis die üppige Pampe einem Gulasch ähnelt.[47]

[47] Wie Sie sehen, ist eine Zubereitung durchaus ohne Gulaschkanone möglich. Schließlich wollen wir Sie nur ansatzweise auf blöde Ideen bringen.

INSIGHT: DIE GULASCHKANONE

Unter Gulaschkanone versteht man im Soldatenjargon jenen auf dem Schlachtfeld aufgestellten Kessel, der von einem meist zur Dicke neigenden, kahl rasierten Offizierskoch mit den Wurst- und Fleischresten der Vorwoche bestückt und den ausgehungerten Rekruten vor den Latz geknallt wird, während jenseits des Schlachtfelds eine Stalinorgel grelle Kaskaden in den Nachthimmel schmettert.[48]

[48] „Was zum Henker ist das?"*

— Anm. des Herausgebers

* „Reinste Poesie." — Anm. der Autoren

DIE GEHEIME ZUTAT

Im Animationsfilm „Kung Fu Panda“ begleiten wir den Panda Po auf seiner abenteuerlichen Reise. Es sind hauptsächlich die ruhigen Szenen, die in Erinnerung bleiben. So ist es eine einfache Nudelsuppe, die dem Panda „Erleuchtung“ und damit die Fähigkeit bringt, sein Dorf zu retten. Ganz am Anfang sehen wir Pos „Vater“, der für seine ausgezeichnete Nudelsuppe bekannt ist und die er seinen Gästen in einem kleinen Restaurant serviert. Der Erfolg des Rezepts beruht auf einer geheimen Zutat. Erst am Ende des Films erfahren wir, dass diese geheime Zutat nicht existiert. „Um etwas Besonderes zu machen“, erklärt der Vater seinem Sohn, „muss man nur glauben, dass es etwas Besonderes ist.“ In diesem Sinne muss man nur davon überzeugt sein, dass dieses Buch auch etwas Besonderes ist!

geheime
Zutat

DAUER: Lektüre des Superman-Comics „Was wurde aus dem Mann von Morgen?" von Alan Moore (30 min)

SKILLS: mittelmäßig[49]

BIZARRO-BURGER[50]

Beim Bizarro-Burger handelt es sich um einen herkömmlichen Burger. Nur mit dem kleinen Unterschied: Alles ist umgekehrt! Was heißt das? Nun, die Patties, die normalerweise zwischen dem Burgerbrötchen liegen, sind hier außen. Und das Brot ist hier innen. Nach einer erfolgreichen Zubereitung können Sie ihn jetzt verkehrt herum essen. Mahlzeit.

[49] So wie die Qualität der Gags in diesem Buch

[50] Benannt ist der Burger nach dem Superschurken „Bizarro", der genau für das Gegenteil dessen steht, wofür der Mann aus Stahl einsteht.

Bizzarro BURGER

ZUTATEN

- ☐ 2 BURGER-PATTIES
- ☐ 1/2 BURGER-BUN
- ☐ 2 SCHEIBEN KÄSE
- ☐ WAS AUCH IMMER SICH IN IHREM VERFRORENEN KÜHLSCHRANK FINDEN LÄSST, WOBEI SICH TOMATE, SALATBLATT, ZWIEBEL UND ESSIGGURKE AM BESTEN EIGNEN
- ☐ 1 EL ÖL
- ☐ SALZ UND PFEFFER[51]

[51] Um dem Würzen eine authentisch bizarre Note zu verlieren, können sie durchaus Salz und Pfeffer umdrehen. Was damit gemeint ist? Natürlich Pfeffer und Salz! Was denn sonst?

1. Pfanne vorheizen und Öl erhitzen. Burger-Patties durchbraten. Zwischenzeitlich wenden und Käse auf die Patties legen, bis dieser langsam vor sich hin schmilzt.[52]

2. Um keine Lebensmittel zu verschwenden, wird die zweite Hälfte des Burger-Buns einfach in den Mistkübel gelegt. Alternativ im Kühlschrank aufbewahren.

3. Nun den Bun beidseitig mit Zutaten aus Ihrem verlorenen Kühlschrank belegen. Anschließend kommen die mit Käse belegten Patties drauf. Mutige Naturen handhaben dies so, dass der Käse außen ist und wunderbar die Finger beklebt.

4. Zeitmahl.[53]

[52] „In etwa so, wie die beiden Autoren beim letzten Nicolas-Cage-Film."

— Anm. des Herausgebers

[53] So viel Bizarro muss sein!

FASTEN

Wenn wir Ernährungswissenschaftlern, Anna Hathaway oder Jesus glauben wollen, so wirkt sich gelegentliches Fasten positiv auf unser Befinden aus.

Denken Sie an den Ramadan, die spirituelle Enthaltsamkeit oder den bewussten Verzicht auf Leckereien während des Osterfestes – in vielen Kulturen ist das heilsame Fasten ein Weg, dem Göttlichen näherzukommen. Verwechseln Sie das heilsame Fasten allerdings nicht mit jenen Hungerkuren, für die amerikanische Schauspieler*innen in der Midlifecrisis berüchtigt sind.[54]

Um Ihnen das Fasten angenehmer zu gestalten, haben wir auf der folgenden Seite ein heilsames Mandala für Sie zum Ausmalen vorbereitet.

[54] Oft in Kombination mit dem Verlangen, das alte Leben abzulegen und nach der Lektüre von »Eat, Pray, Love« Hals über Kopf nach Indien zu jetten und dort alle bisher getroffenen Entscheidungen im Leben zu hinterfragen.

Fastenmandala

Nach Herzenslust ausmalen und dabei das Essen vergessen.

ALL FOR THE FAME

ALL FOR THE FAME

Schauspieler sind dafür bekannt, für Filmrollen an ihre Grenzen zu gehen. So schaufelte sich die Schauspielerein Charlize Theron einiges an Körpermasse an, um die Serienmörderin Aileen Wuornos im Film „Monster" adäquat zu verkörpern.[55]

Um einen Schiffbrüchigen in „Castaway" darzustellen, musste sich Tom Hanks hingegen einer Radikalkur unterziehen und 25 kg abspecken. Auch Matthew McConaughey ist zu erwähnen, der über 4 Monate lang jede Woche 1,5 kg verlor, um den ausgemergelten Aidskranken in Dallas Buyers Club zu spielen. Anna Hathaway hungerte sich für ihre Rolle in „Les Miserables" nahezu bis zum Tod, da sie mehrere Tage am Stück auf das Essen komplett verzichtete.

Wir halten nichts davon, dass Sie sich in den nächsten 12 Monaten ausschließlich von Hühnerbrüsten, Broccoli und Reis ernähren - bleiben Sie gesund. Sie müssen niemandem etwas beweisen.

[55] Sie wurde dafür mit dem Oscar belohnt, was uns zu der gewagten These führt, dass es bei den Academy Awards weniger um die Schauspielkunst geht, denn um Körpermasse.

NA
CH

SPEI
SEN

PO
FESEN

DAUER: Vortrag von Noam Chomskys „Einführung in die Linguistik“ (35 min)

SKILLS: Synästhetiker sind klar im Nachteil

POFESEN

Es gibt Gerichte, bei denen uns allein durch die Nennung des Namens das Wasser im Mund zusammen läuft. Denken Sie an Gewürzhähnchen mit Gurkensalat und Kokos-Wildreis-Rösti, an gefüllte Weinblätter mit Granatapfel-Dressing oder Blutwurscht mit Sauerkraut. Die Wörter wecken kulinarische Assoziationen und machen die Gerichte im Vorhinein zu einer sinnlichen Erfahrung.

Pofesen haben seit jeher einen schweren Stand und sind weder phonetisch schön auszusprechen, noch machen sie auf einer Speisekarte einen einladenden Eindruck. Der Name klingt eher nach einer fiesen Geschlechtskrankheit denn nach einem leckeren Essen. „Herr Doktor, könnten Sie sich mal meinen Lendenbereich angucken? Ich glaube, ich habe Pofesen!“

- ☐ 1 WEISSBROTWECKEN
- ☐ 50 G POWIDL[56]
- ☐ 10 ML RUM, 40% ODER 54%
- ☐ 2 EIER
- ☐ 250 ML MILCH ODER REISMILCH
- ☐ 150 G BUTTERSCHMALZ (KEINE MARGARINE!)
- ☐ STAUBZUCKER
- ☐ 1 TL SALZ

ZUTATEN

[56] Powidl = Pflaumenmus. Sollten Sie beim nächsten Besuch in Wien Powidldatschgerl auf der Karte sehen, bestellen Sie unter keinen Umständen Pflaumenmustaschen. Der Kellner könnte es Ihnen übelnehmen.

ZUBEREITUNG

1. Powidl-Marmelade mit dem Rum gut verrühren. Die Eier mit der (Reis-)Milch gut verquirlen und Salz dazugeben.

2. Schneiden Sie den alten Wecken nun in ca. 5 mm breite Schnitten. Jeweils 2 Scheiben an der Innenseite dick mit Marmelade bestreichen und zusammen picken. In der Eier-Milch-Mischung wenden Sie die zusammengeklebten Brotscheiben, bis sie sich außen gut vollgesogen haben. Achtung: Sie sollen nicht ganz durchweichen, sonst werden die Pofesen zu „labbrig".

3. Jetzt legen Sie die Pofesen in die vorgeheizte Pfanne mit Butterschmalz (ca. Stufe 7 von 9) und backen sie unter mehrmaligem Wenden etwa 4-6 Minuten goldbraun. Schon jetzt duftet es verführerisch!

4. Die fertigen Pofesen auf ein Küchentuch zum Abtropfen legen und noch lauwarm mit Staubzucker bestreuen.

DER GEMEINE PFANNKUCHEN

DAUER: eine studentische Zigarettenpause (30 min.)

SKILLS: auch ohne Abitur herstellbar

DER GEMEINE PFANNKUCHEN

Der gemeine Pfannkuchen ist aufgrund seiner schnellen und einfachen Zubereitung ein Liebling in Studenten- und Junggesellenhaushalten. Seine Herstellung kann nach dem „easy to learn, hard to master“ – Prinzip verstanden werden.

Die Teigfladen sollten weder zu dünn noch zu dick zubereitet und in ihrer Konsistenz auf die eigene Vorliebe angepasst werden. Wenn Sie den Eierkuchen dünn und fluffig wollen, achten Sie bei der Zubereitung auf einen Schuss prickelndes Mineralwasser. Bevorzugen Sie hingegen einen dicken, teigigen Pfannkuchen, den Sie beispielsweise mit Tomaten und Mozzarella belegen, so geben Sie statt Mineralwasser mehr Mehl dazu.

Für den Pfannkuchen:

- ☐ 2 EIER
- ☐ 200 G WEIZENMEHL
- ☐ 200 ML MILCH
- ☐ 1 PRISE SALZ
- ☐ 1 PRISE ZUCKER
- ☐ 1 TL ÖL ZUM AUSBACKEN
- ☐ 60 ML KOHLENSÄUREHALTIGES MINERALWASSER

Alternativen für die Garnierung:

- ☐ OBST
- ☐ GESCHMOLZENE SCHOKOLADE
- ☐ DIVERSE MARMELADEN
- ☐ HONIG
- ☐ KÄSE
- ☐ SCHINKEN

...IHRER FANTASIE SIND KEINE GRENZEN GESETZT.

ZUBEREITUNG

1. Verrühren Sie Eier, Milch, Zucker, Salz, Mehl und etwas Mineralwasser zu einem glatten Teig. Die Menge an Mehl und Wasser entscheidet über die gewünschte Konsistenz. Faustregel: Der Teig sollte in etwa Festigkeit von flüssiger Schokolade haben.

2. Erhitzen Sie eine geräumige Pfanne mit einem geschmacksneutralen[57] Öl, etwa Rapsöl. Schöpfen Sie den Teig mit einer Kelle in die Pfanne und schwenken Sie die Pfanne im Uhrzeigersinn[58], um den Teig ordentlich zu verteilen. Anschließend backen Sie den Fladen von beiden Seiten goldbraun heraus.

3. Belegen Sie den Pfannkuchen nach Herzenslust mit den Ingredienzien Ihres Kühlschranks – dabei lässt sich der Fladen sowohl süß wie auch pikant nuancieren; etwa mit Erdbeeren und Waldhonig für die besseren Haushalte. Alternativ können Sie auch einfach Ketchup verwenden. Mahlzeit.

[57] nicht mit „Geschmacklos“ zu verwechseln

[58] Sie können den Teig natürlich auch gegen den Uhrzeigersinn schwenken. Bravo, der Rebell steht Ihnen gut.

ZUB
EREI
TUNG

EINMAL MI

FET
TNÄ
PFC
HEN,

BITTE

EINMAL MIT FETTNÄPFCHEN, BITTE

Andere Länder, andere Sitten. In kaum einer anderen Sparte als den „Essgewohnheiten“ lassen sich geografische und kulturelle Unterschiede besser aufzeigen. Darf ich mit den Händen essen? Muss ich aufessen? Darf ich rülpsen? Wie sieht es mit den Beilagen aus? Und stimmt es, dass man sich ausschließlich von Licht ernähren kann?[59]

In China gilt es als normal, mit offenem Mund zu kauen und nach der Mahlzeit zu rülpsen. In Indien wird mit allen Sinnen gegessen, und zwar mit der rechten Hand, wobei breiige Speisen mit einem Stück Fladenbrot zu sich genommen werden. In Italien machen Sie sich keine Freunde, wenn Sie zur Steinofenpizza Ketchup verlangen, und wenn Sie in Spanien pünktlich um 12:00 Uhr zu Mittag essen wollen, stehen Sie vor verschlossenen Türen, denn dort wird erst am Nachmittag gespeist.

In Wien hingegen müssen Sie froh sein, wenn Sie in einem Restaurant überhaupt bedient werden, denn in der österreichischen Hauptstadt gibt es keine Gasthäuser, sondern nur Wirtshäuser. Dort hat allein der Wirt bzw. die Wirtin das Sagen.

[59] Fürs Protokoll: Nein!

REIS
MILCH
REIS

DAUER: 1 Flasche Wein[60] (35 min)

SKILLS: Sie müssen nicht Müller heißen

REISMILCHREIS

Veganer Milchreis, in manchen Kreisen auch veganer Reisbrei genannt, ist eine Scheußlichkeit – vorausgesetzt, Sie meinen damit die in Plastik verpackte Obszönität aus dem Kühlregal. Selbst gemacht hingegen erfüllt der Milchreis alle Kriterien einer bekömmlichen und leicht zuzubereitenden Nachspeise.

[60] Sollten Sie den Wein nicht innerhalb der vorgegebenen 35 Minuten leer trinken können, laden Sie einfach ein paar Feunde ein. Wenn Sie keine Freunde haben, liegt es wahrscheinlich daran, dass Sie ein ungustiöser Mistkerl sind.

- ☐ 1 L REISMILCH
- ☐ 1 EL ZUCKER
- ☐ 1 TL VANILLEEXTRAKT
- ☐ 1 PRISE SALZ
- ☐ 250 G MILCHREIS

Für das Topping:

- ☐ 4 EL ZUCKER
- ☐ 2 TL ZIMT

1. Reismilch, Zucker, Vanilleextrakt und Salz in einen Topf geben und aufkochen lassen. Milchreis dazugeben, einmal kurz aufkochen lassen.

2. Dann bei schwacher Hitze etwa 30 Minuten quellen lassen. Zwischendurch umrühren. So lange quellen lassen, bis die gewünschte Konsistenz erreicht ist.

3. Währenddessen Zimt und Zucker für das Topping mischen. Heiß mit Zimt und Zucker, Kirschgrütze oder anderen Toppings servieren.

WAS DAZU PASST? VIELLEICHT EIN SCHLECHTER WITZ:

Ich bin wie Milchreis. Ein bisschen süß, ein bisschen körnig, manchmal pampig und einige finden mich einfach zum Kotzen.

NICHT ORIGINAL WIENER SACHER-TORTE

DAUER: der erste „Sissy"-Film (2h)

SKILLS: Küchenexperte

NICHT ORIGINAL WIENER SACHER-TORTE

Machen wir einen kurzen Exkurs in die Vergangenheit. 1832 wies Klemens Wenzel Lothar von Metternich seinen Koch an, für sich und seine Gäste ein besonderen Nachtisch zu kreieren. „Dass er mir aber keine Schand' macht heut Abend!", so der Staatsmann.

Weil aber der Chefkoch krank war, musste ein damals 16-jähriger Lehrling namens Franz Sacher diese Aufgabe übernehmen. Die von ihm aus einer Not heraus geschaffene Schokoladentorte soll den Gästen so geschmeckt haben, dass die Torte schon bald in aller Munde war. Heute liegt das handgeschriebene Rezept von Erfinder Franz Sacher – so zumindest die Legende – gut gesichert im Safe des Hotel Sacher.

Die Original Sacher-Torte ist eine eingeschriebene Marke und darf nur vom Hotel Sacher selbst gebacken werden. Schokoladentorten, die der Sacher-Torte nachempfunden sind, dürfen aber auch Sacher-Torte oder mit dem Zusatz nach Sacher-Art bezeichnet werden.

Wir wollen nicht den Anspruch erwecken, irgendeines der in diesem Buch abgedruckten Rezepte sei in irgendeiner Weise ein Original. Backen Sie also mit uns die Nicht Original Wiener Sacher-Torte.

Für die Sachermasse:

- ☐ 180 G BUTTER
- ☐ 180 G PUDERZUCKER
- ☐ 1 VANILLESCHOTE, DAS MARK DAVON
- ☐ 200 G BITTERE SCHOKOLADE, IN STÜCKEN
- ☐ 8 EIER, GETRENNT
- ☐ 200 G MEHL
- ☐ 3 TL KAKAOPULVER
- ☐ 1 PRISE SALZ
- ☐ 1 TL BACKPULVER

Für Füllung und Glasur:

- ☐ 3 EL APRIKOSEN- UND ORANGENLIKÖR
- ☐ 3 EL ORANGENSAFT
- ☐ 300 G APRIKOSENMARMELADE
- ☐ 200 G DUNKLE KUVERTÜRE
- ☐ 100 G SAHNE

ZUBEREITUNG

1. Den Backofen auf 180 °C vorheizen. Eine Springform von 28 cm[61] Durchmesser ausfetten und bemehlen.

2. Die Schokolade und den Butter in einem Wasserbad schmelzen. Das Eigelb mit dem Puderzucker schaumig rühren. Die Vanilleschote auskratzen und dazugeben. Die Schokobutter beimengen, bis alles gut miteinander verrührt ist.

3. Das Eiweiß separat steif schlagen und eine Prise Salz dazugeben.

4. Mehl, Backpulver und Kakao vermischen und abwechselnd mit dem Eischnee unter die Eigelb-Schokobutter rühren. Dazu am besten einen Spatel oder die Maurerkelle aus der Werkstatt verwenden.

5. Die „Sachermasse“ in die vorbereitete Form gießen und rütteln, bis alles gut ausgefüllt ist. Anschließend im Backofen für ca. 40 bis 50 Minuten backen. Die Stäbchenprobe[62] verrät Ihnen, wann die Torte fertig gebacken ist.

[61] Je nach Größe Ihres Backofens

[62] Sollten Sie nicht wissen, was die Stäbchenprobe ist, legen wir Ihnen einen Kochkurs nahe. Oder Sie suchen sich ein einfacheres Hobby, wie etwa Molekularbiologie oder Quantenphysik.

6. Den Kuchen aus der Springform befreien, zehn Minuten abkühlen lassen und aus der Form lösen. Vollständig abkühlen lassen. Anschließend den Boden mit einem Faden oder langen Messer horizontal[63] durchschneiden.

7. Die Torte mit der glatt gerührten Aprikosenkonfitüre füllen und zusammensetzen. Mit dem Rest der Konfitüre die Seiten bestreichen und alles trocknen lassen.

8. Für die Glasur die Sahne kurz aufkochen, vom Herd nehmen, die gehackte Schokolade hineingeben und schmelzen lassen. Die Torte mit der Glasur überziehen.

9. Die Torte am besten vor dem Servieren mindestens einen Tag durchziehen lassen und unbedingt zimmerwarm servieren!

10. Sollten die Anwälte aus dem Hause Sacher vor Ihrer Türe stehen, weil Sie die Torte beim monatlichen Bingo-Abend als Original Sacher-Torte angepriesen haben, machen Sie es wie hiesige Politiker und ehemalige amerikanische Präsidenten. Leugnen Sie alles.

[63] Mutige Naturen teilen die Torte vertikal und machen dem Namen des Rezepts alle Ehre.

KURIOSES

WENN TIERE SCHLEMMEN

Tiere sind äußerst intelligent. Vor allem wenn es darum geht, schädliches Essen zu erkennen. Das wird ihnen in Zukunft im Gegensatz zum Menschen[64] einen erheblichen evolutionären Vorteil verschaffen. Als besonders wählerisch gelten Koala-Bären, die jedes Eukalyptusblatt erst ausgiebig beschnuppern, ehe sie es einer Kostprobe unterziehen, um es schließlich genüsslich zu verzehren.

Auch Hunde vergraben ihre Knochen nicht aus Jux und Tollerei, sondern weil die Knochen in der Erde langsam zersetzt und dadurch bekömmlicher werden. Bei Affen hat man beobachtet, dass sie ihr Essen in Meerwasser tunken, um es zu salzen.

Ein Forschungsteam ist zum Schluss gekommen, dass – würde man Schimpansen beibringen zu kochen – sie es aller Wahrscheinlichkeit nach mit derselben Leidenschaft wie Menschen vollziehen würden.[65]

[64] Oder haben Sie noch nie die langen Warteschlangen bei Kentucky Fried Chicken gesehen?!

[65] „Das erklärt, warum unsere beiden Autoren so gerne kochen." – Anm. des Herausgebers

LISTE VON MÖGLICHEN RESTAURANTNAMEN

Restaurantnamen sollen Assoziationen auslösen. Wer in einer flauen Sommernacht an einer griechischen Taverne namens „Mykonos“ vorbeiflaniert, wird sich unschwer des mediterranen Flairs erwehren können. Desgleichen gilt für die Pizzeria „Palermo“ oder der spanischen Tapas-Bar „El Torro“. Deutsche hingegen werden bei Hunger eher den rustikalen „Ratskeller“ aufsuchen, in dem neben guten, bodenständigen Speisen auch ein Hauch goethescher Kultur mitschwingt.[66] Hier ein paar Vorschläge für mutigere Restauranteröffner:

☐ Zum gehobenen Knorpel

☐ Zum Scheißen reichts

☐ Mit Hass gekocht

☐ Wer rülpst, fliegt raus

☐ Gasthaus zum Brechreiz

☐ Nur im Suff genießbar

☐ Graf vom Naschmarkt

[66] Waschechte Wiener hingegen treffen sich am liebsten an der Würstelbude, wo man neben Käsekrainern und Leberkäs auch immer eine Portion „Grant“ gratis dazubekommt.

HUNDE, WOLLT IHR EWIG LEBEN?

Schenkt man Science-Fiction-Filmen glauben, so wird der Mensch der Zukunft weniger auf echte Lebensmittel, sondern vermehrt auf alternative Substitute wie Pillen und Pulver zurückgreifen. Denken Sie etwa an den Film „Das fünfte Element“ von Luc Besson, in dem Milla Jovovich ihren Heißhunger mit einer schlichten Kapsel stillt, die wie durch Zauberhand in einer Mikrowelle des 22. Jahrhunderts in ein üppiges Mahl verwandelt wird.
Zukunftsforscher, Erfinder und technischer Leiter bei Google, Ray Kurzweil, ist dem „ewigen Leben“[67] auf der Spur, das der Mensch bis 2045 erreichen wird. Denn dann wird seinen Berechnungen zufolge die „Singularität“ eintreten – also jener Moment, in dem die künstliche Intelligenz die menschliche übertreffen und sich selbst weiterentwickeln wird. Sterben ist dann nicht mehr notwendig. Um den Alterungsprozess auf ein Minimum zu reduzieren und bis 2045 zu leben, nimmt der 1948 geborene Transhumanist Kurzweil über 150 Nahrungsergänzungsmittel am Tag ein.

[67] Ob ewiges Leben tatsächlich erstrebenswert ist, steht auf einem anderen Blatt: Man denke mit Grauen an weitere „Star Wars“-Fortsetzungen, Netflix-Serien-Cliffhanger und noch mehr Adam-Sandler-Filme.

MOHN NUDELN

DAUER: 1 Folge „Narcos“ (44 min)

SKILLS: alle, die nüchtern einen Kochlöffel halten können

MOHNNUDELN

Mohnnudeln sind eine süße Spezialität der böhmischen Küche. Viel mehr gibt es darüber eigentlich nicht zu erzählen, außer, dass die fluffige Mehlspeise einst Unbehagen bei den amerikanischen Militärs auslöste.

Vor einigen Jahre wurden die troops in einem Ausbildungszentrum spontan einem Drogentest unterzogen. Eigentlich kein Problem, nur dass es am Abend zuvor Mohnnudeln gegeben hatte. Soldaten und ehemalige Drogensüchtige wissen natürlich, dass Schlafmohn unter anderem für die Herstellung von Heroin verwendet wird. Folglich wurde die ganze Kaserne positiv auf Drogenkonsum getestet.

Die Moral der Geschichte: Essen Sie Mohnnudeln nicht am Vortag Ihrer Einberufung zum Wehrdienst.

- ☐ 1/2 KG MEHLIGE KARTOFFELN
- ☐ 250 G MEHL
- ☐ 50 G WEIZENGRIESS
- ☐ 1 EIGELB
- ☐ 50 G BUTTER
- ☐ 80 G STAUBZUCKER
- ☐ 80 G VANILLEZUCKER
- ☐ 100 G GRAUMOHN
- ☐ RUM[68]

68 Damit Sie nicht nur beim Drogen-, sondern auch beim Alkoholtest mit einem positiven Ergebnis glänzen können.

ZUBEREITUNG

1. Kartoffeln etwa 20 Minuten in heißen Wasser kochen, bis diese mehlig und leicht bröselig werden.

2. Die gekochten Kartoffeln schälen, fein zerdrücken und mit dem Mehl, Grieß, Butter und Eigelb inbrünstig verkneten.

3. Aus dem Brei nun Nudeln formen und ca. 10 Minuten langsam im siedenden Wasser ziehen lassen, bis diese langsam an der Wasseroberfläche fröhlich vor sich hinschwimmen.

4. Nudeln abseihen, in zerlassener Butter, Staubzucker, Vanillezucker und einem Schuss Rum schwenken.

5. Zuletzt geriebenen Graumohn darunter mischen und sich beim nächsten Drogentest über das Ergebnis wundern.

BIRNE, HELENE!

Statten Sie Ihrer Freundin Helene einen Besuch ab und bringen Sie anstatt der Blumen eine reife Birne mit. Auf die Frage Ihrer Freundin, was das denn bitte schön bedeuten solle, antworten Sie wahrheitsgemäß: „Birne, Helene!"[69]

[69] Das Niveau dieses Gags reifte 3 Jahre in einem Eichenfass in der nordirischen Grafschaft Antrim.

Unter Kuhfladen versteht man gemeinhin die Darmausscheidungen einer Kuh. Gelegentlich werden diese „Darm-Mienen“ Wanderern und Spaziergängern in ländlichen Regionen zum Verhängnis, wenn diese ungeachtet in sie hineinreiten.

Dabei haben Kuhfladen vielerlei Nutzen. So werden sie in der Landwirtschaft als Düngemittel bzw. in holzarmen Hochgebirgsregionen als Heizmaterial und Baumaterial eingesetzt.

Doch der vermeintlich interessanteste Nutzen wurde in Bergregionen unter Hungersnöten entdeckt: Der Kuhfladen galt tatsächlich als verzehrbar. Dies hat insbesondere mit dem Verdauungstrakt der Kuh zu tun, in der Pflanzen drei Tage zwischen den Mägen des Wiederkäuers hin und her geschoben werden.

Entsprechend kann festgehalten werden, dass nicht bloß Essen zum Scheißen reicht, sondern Scheiße auch zum Essen reicht. Die Moral der Geschichte sollte Ihnen, liebe Leserinnen und Leser, also durchaus einleuchten.

DAS SINNLOSE GIMMICK —

DIE KOCHMÜTZE ZUM SELBERAUSSCHNEIDEN

Ihnen ist vielleicht aufgefallen, dass wir im Vergleich zum ersten Teil unseres frechen Kochbuchs eine andere Kochmütze verwendet haben. Sie können das Gimmick nun ausschneiden, sich auf die Stirn kleben und sich so wie ein waschechter Haubenkoch fühlen.

FRANZ ZWERSCHINA ist leidenschaftlicher Leser, Autor und Fotograf. In seiner Freizeit sammelt er außergewöhnliche Bücher, alte Videospiele und Spielzeug von Transformers. Am liebsten faulenzt er und sinniert dabei über die Entstehung der Arten.

RAFAEL BETTSCHART ist Creative Director, Erfinder unnötiger Gegenstände und Filmemacher. Er hat keine Hobbys und wundert sich über Franz, wo er die Zeit zum Faulenzen hernimmt. Das Transformers-Spielzeug gefällt ihm aber sehr gut.

FOOOD!!!

ZUM PISSEN REICHTS
DAS ETWAS ANDERE KOCHBUCH

Das frechste Cocktailbuch des Jahres! Mit leckeren Cocktailrezepten, launigen Anekdoten, popkulturellen Reminiszenzen und humorvollen Darstellungen bieten die beiden Autoren eine freche und charmante Alternative zur gewöhnlichen Suffliteratur. Probieren Sie es aus! ISBN: 978-3947738663

ZUM VÖGELN REICHTS
DER ETWAS ANDERE DATING-GUIDE

Das frechste Dating-Buch des Jahres! Mit jeder Menge Tipps, witzigen Anekdoten, popkulturellen Reminiszenzen und einer doppelten Portion Sarkasmus bieten die beiden Autoren eine freche und charmante Alternative zum gewöhnlichen Dating-Guide.
ISBN: 978-3947738946

IHNEN HAT DAS BUCH GEFALLEN?

Wenn ja, beweist das eindeutig Ihren guten Geschmack. Es wäre toll, wenn Sie uns bei dem Online-Shop eine Bewertung geben, bei dem Sie das Buch bestellt haben. Oder Sie schreiben uns bei Ihrem Lieblings-Buchportal eine Rezension. Wir freuen uns immer, Meinungen zu unseren Werken zu lesen. Es hilft uns dabei, weitere Ideen umzusetzen und neue Leserinnen und Leser für unsere Bücher zu finden. Ach ja, sollten Sie das Buch überhaupt nicht gelesen oder es gar aus der Toilette eines Bekannten (dort liegen unsere Bücher für gewöhnlich) gemopst haben, dann schämen Sie sich :).

Beste Grüße von Franz und Rafael